JN411132

# 손가락 너어는 아이

# 손가락 너어는 아이

초판 발행 | 2016년 11월 11일

저 자 | 윤인자
펴 낸 이 | 차영미
편 집 | 디자인그룹 여우비
펴 낸 곳 | 서정문학
주 소 | 서울시 강동구 천중로30길 5-11, 203호
전 화 | 02)720-3266 FAX | 02)720-3266
홈페이지 | http://cafe.daum.net/seojungmunhak.com
이 메 일 | sjmh11@hanmail.net
등 록 | 2008. 3. 10 제324-2014-000060호

ISBN 978-89-94807-53-9 03810
정가 10,000원



국립중앙도서관 출판예정도서목록(CIP)

손가락 너어는 아이 : 금릉 윤인자 시인 제2시집 / 저자: 윤인자
. -- 서울 : 서정문학, 2016
p. ; cm. -- (서정문학대표시선 ; 36)

ISBN 978-89-94807-53-9 03810 : ₩10000

한국 현대시[韓國現代詩]

811.7-KDC6
895.715-DDC23 CIP2016025743

서정문학대표시선 · 36

# 손가락 너어는 아이

금릉 윤인자 시인 제2시집

서정문학

# 시인의 말

밤이면
그리움 행복 사랑
시어의 바람이
자진모리로 불었다
휘모리 장단으로 불었다 합니다

촘촘한 기억그물을
거세게 밀어붙입니다

소중한 추억들
멀리 떠나 보내지 말라고…

전화번호 기억하듯
추억들 꽉 붙잡으라고…

지워서는 안 될 기억들
소중히 감싸 안아
진양조로 잠재우려고 시집을 냅니다

제 시가 여러분 마음의 바람도
진양조 가락으로 잠재워 주었으면 합니다.

## | 목차 |


시인의 말 5

제1부

오, 친구 12
혼불 문학관을 다녀와서 14
추억 5 15
하필이면2 16
오, 친구2 18
간 고등어 20
올빼미 22
암병동에서 23
변심 24
부릅뜬 당신 26
다람쥐 28
친구야7 30
틈 32
휴休 34
곁2 36
곁1 38
친구야6 40
추억2 41
추억1 42
추억4 44
추억3 46
모녀母女 48

아침 숲 50
메아리 51
오일장 52
폐지 할머니 54
밤매미들 56
주차장에서 58
얼쑤 2 60
소슬 바람 62
부엉이 셈 64
엔젤피쉬 66
겁 없이 살고 싶다 68
글쎄 70
진실 72
추억6 75
그냥, 오늘 76
시계 78
환한꽃 80
술이 취하지 않는 밤 82
스톨속의 나 84
산 오를 때는 86
아이러니 87
백목련 88
자목련 90

## 제2부


오늘은 94
해당화 96
사랑초 97
가을 오후 98
꽃이 필 때까지 100
석류2 102
산정호수에서 103
봄 햇살 105
그 순간 106
빛 메아리 108
아침 110
미로 게임중 112
11월 바람 114
바람에 실려 가는 내 사랑 116
뚜벅이의 꿈 118
꽃무릇 119
나의 집 120
가을볕 122
내 마음도 124
고부姑婦의 묘 125
백수의 어머니 126
시방 128
이병 아들 130
사랑해 132
또 사랑할거야 134
회양목 136
꽃물 138

## 제3부


참말로 맛난 세상인디 142
삼만원 144
아버지 145
햇살에 안겨 146
나의 어머니 배순복 148
이를 어쨌을까! 151
발소리 152
음력 8월16일 154
칠일 156
아버지2 159
손전등 160
아버지의 기일 162
목소리 164
오늘밤 166
구절초 168
고추밭에서 170
무말랭이 172
모자母子 174
시래깃국 176
오월 178
장독 180
모란 183
구름 속에 웃고 계십니다 184
사진 석장 186
손가락 너어는 아이 188
참말로 안기고 싶습니다 191
산사의 풍경 194
내 고향 강진 196
얼쑤 198
동백 200
몸살 202
무궁화호 204
보름달 207
당산나무 208

너

그거

아니

그게 사는 이유란 걸

# 오, 친구

친구야
초록 이파리
갈색으로 물들거든
꽃 피던 그 언덕에서
우리 다시 만나자 했는데
난 시방 서 있어
안 오고 뭐할까?

신록일 때
안개에 만취해
칡넝쿨처럼
뻗치던 우환들
버섯처럼 일어나
계절의 징검다리 건너오기 힘들었어
누구에게도 관심밖이었지

어깨 춤추며
만나자는 너희들 말이
오롯이

날 푸르디 푸른 노래 마음껏 부르게 했단다

그리움 껴안고
처서 입동 견디며
아름다운 갈색 꿈꾸었지

계절이
시방
오십령 고개 막 넘어간다
어서 온나 친구야
모태, 모태 항꾸네*.

* 모태 모태 항꾸네: 함께, 함께 모이자란 전라도 방언

# 혼불 문학관을 다녀와서

이끼의 생명력을 소중하게 여긴
작가의 삶 닮은 아담하고 고아한 공간

단발머리에 오똑한 코 꽉 다문 입술의
소녀는 어디로 갔는지
마당에 아기자기한 소품들만 반긴다

필사의 탑 자리에 앉으니
바위를 뚫듯 한자 한자 섬세하게 새겨 쓴
작가의 힘이 느껴진다

17년간
1만 2천장의 원고 속에
무당이 접신을 하듯 쓴 혼불

소녀가 떠난 자리에
아름다운 세상 잘 살고 간다
언어의 꽃들이 큰 다발 되어
떠난 자리에 얹어 있다.

# 추억 5
## –꽃잎 편지

갈바람이
옛 골목길 추억 쓴다

고무줄하던 친구들
공기놀이 하던 어깨동무들
즐거웠던 시간이 안아준다

서로 볼 수가 없는
우리들

잊을 만도 하지만
봄날 다시 피는 잎처럼
'우리 내년 봄에 다시 만나자'
산울림되어  되돌아오는 추억들

갈바람의 편지에
내 가슴이 춤춘다.

# 하필이면2

밤에 내린 봄비로
산수유 재잘 거리며 노란 망울 피워 올리고
매화 향기도 기웃하고 찾아와 향수 뿌린 오늘

검은 뿔테 쓴 판사 앞에
그림자 되어
스멀스멀 가는 스무 살 이혼모

아이 울음소리가 세어 나가면
동네 사람들이 손가락질 할까봐
애가 울자 무서워서
수건으로 얼굴을 덮어 죽인 그녀

꼬챙이에 꿰어진
뻣뻣한 북어처럼 서서
핏덩어리란 말에 젖을 짜며 울어다며
고드름이 녹듯 뚝뚝뚝 눈물 훔친다

생일이 기일이 될 뻔한 아이가

입양 기다린다는 말에
고맙습니다 고맙습니다 인사한다

봄 기운이
오감을 휘감는 날
왜 하필이면.

# 오, 친구2

친구야
네 이름만 불러도
내 가슴에 울림이 있어 좋다

너를 보기 위해
차를 타고
네가 사는 곳으로 찾아가
차 한잔을 주고받지 않아도

멀리서
네가 사는 곳을 보며
내 쪽을 보며
조용한 미소를 보낼
네 미소에
내 가슴이 뛴다

지난 가을
백양사 단풍길에
우연히 마주쳐 손잡고 뛰었듯이

스쳐지나가는 날이 많으면 좋겠다

친구야
이름을 부를 수 있어
오늘도
난 행복하다.

# 간 고등어

안동 간 고등어
포장지에 써 있었다

속을 비워낸 뱃속은
뛰놀던 바다를 생각하며
제 몸 썩히지 않으려
굵은 소금 잔뜩 품었겠지

뱃속의 짠물이
깊숙이 살갗으로 스며들 때마다
그리움을 떨쳐내며
몸을 흔들었겠지

포장지 뜯어내고
잘 달궈진 숯불에 올리자
지글지글 기름을 흘리며
그리움 잔해들을 사방으로 튄다

노릇노릇 익어

고등어가 푸른바다 잊을 쯤
우리는 밥상에서 살점을 뗀다.

# 올빼미

스멀스멀 조용히 다가와
문틈으로 걸어온 그림자

철컥철컥
열쇠 돌리는 소리
딸깍
새벽 4시

쿵쿵 탁탁
계단을 두 세칸씩
뛰어오르는 소리
딸깍
새벽 4시

오늘도
스멀스멀 다가오는
아들 그림자.

# 암병동에서

햇살의 희롱 즐기다 눈 뜨니
창가에 꽃 그림자 어른어른
문틈으로 보니 나비 한 마리
꽃봉오리 향해 다가서는 중

진달래 마지막 향기가
33번의 치료로 지친
몸내를 감싸준다

봄이 길지 않다는 것을
알고 있다

얼른
바람도 모르게
코를 벌름거린다.

# 변심—
## —갤러리에서 '남자의 미소' 란 그림을 보고

초원 위 하얀 집
문 열고 안 본다

벽난로 옆 흔들의자 앉아
뜨개질하던 여인 손에
시선이 꽂힌다

한 발 들어서니
커피향 내 발길 돋우고
커피머신에서 들리는 음성
여보, 설탕 더 넣어줄까
여보, 힘들어 쉴거야
여자 옆에 꿇어 앉아 차진 손
남자가 눈물로 녹이려 한다
커피향도 따스한 물결로 그녀 녹이려 출렁거릴 때
남자의 통곡 소리가 들렸다
아무도 없는 아니
벽난로 불씨가 어둠속 울림
붉은 두 눈 부릅뜨고 지켜본다

그 남자 입가
미소가 움직이는 것을.

# 부릅뜬 당신

아~~안타까워라

오늘에야 눈 감을까
편히 다리 쭉 뻗고 잠들까

달이 부릅뜨고 있다
해도 부릅뜨고 있다

종탑과 철탑에서
고공농성하는 근로자들
땅으로 안전하게 내려오도록
삶터로 안전 귀가 하도록
날마다 눈 부릅뜨고 지킨다

출렁출렁
바람의 몸부림에
화들짝 놀라 부서지는 달빛
화들짝 놀라 실타래처럼 뭉치는 햇살
고향을 생각하나

고향을 잃어버린 사람들
가족을 사랑하나
사랑을 잃어버린 사람들
꿈을 생각하나
꿈을 잃어 버린 사람들

저 노피곰에서
달빛으로
햇살로
날마다 눈 부릅뜨고 지키고 있는 당신.

# 다람쥐

너
그거
아니
그게 사는 이유란 걸

분명
너는
알고 있었지

어쩌다가 밖이 환히 내다보이는
듬성듬성한 창살 안에 갇혀
자고 먹고 자고 먹고, 아……

무엇 한 점 다를 것도 없는
일상의 쳇바퀴를
날마다 즐거운 아이처럼
아무것도 모른다는 척
하염없이 돌리고 있는 나를
분명히

알고 있었겠지
텅 빈 허공 같은 마음

내가
무슨 생각을 하고 있는지를

도긴개긴
도긴개긴

하루하루
살아가기 위해
쳇바퀴 돌리는 너와
내가 뭐 다르겠니?

# 친구야7

가을 시작과 함께
네게 다가가는 내 마음

길어지는 그리운 마음
가슴속까지 스며든다

행복도 잠시
뒤엉킨 듯
그날로
가슴 흔들어 놓고

책속 넣어둔
편지 보며
두근거리는 마음
밤마다 가슴 달랜지 스무 해

가을이 되면
내 편지 기다리는
네 마음에

가슴 짓눌러진다

오늘은
용기 내어
편지 보내니
환한 미소 담아
바람에 날려 보내주렴.

# 틈

휙 휙
장갑주둥이 양끝 잡고
공중에서 서너 바퀴 돌리자
빵빵하게 부풀어 오른 한 귀퉁이에서
바람 빠지는 소리 삐이익

바늘귀만 한
작은 틈 한 개

언제
그랬을까?

꽃게를
손질하다 찔렸나

장갑을 버리다
문득 든 생각

민들레 보금자리가 된

아스팔트 틈
이끼가 자라는
바위 틈

불현듯 끼어 든
작은 틈이
우리를 숨쉬게 한다는 것을.

# 휴休

스멀스멀 사무실 안
혀로 혈관이며 신경까지
핥는 눅진한 더위
이미 열병환자가 된 우리

비발디 사계 울리자
"섬에 가고 싶다"
누군가 신음 섞인 소리에
미소 지으며 눈 감는다

부드러운 눈발되어
바다에 살포시 내려앉아
파도소리 잠긴다

출렁거리던 행복
거뭇거뭇
히드라 촉수 드리운
슈베르트 마왕 울리자
머물고 싶은 그 곳에서 깨어난다

가지 못해 아쉬워
구둣발 소리 커지고
그 섬 사라진다
그 섬이 눈에서 멀어진다.

# 곁2

석달 만에 만난 친구들에게
잘 지냈는지 물었더니
웃으며 고개만 끄덕이는데 오른손은 계속 바쁘게
움직인다
"미안, 울 아들 학원 끝날 시간이어서"
다른 친구들도 어딘가에 접속하느라 분주하다
아이에게 학원 3곳 빼 먹지 말라며
엄마가 다 안다는 친구 말이 네 귀에서 손가락처럼
톡톡거렸다
나 어릴 때 엄마가 없는 날이면
골목길에서 해지도록 놀았는데
엄마가 곁에 없어도 일거수일투족 다 안다니…
"어~머, 어~~어머"
실시간 1순위로 의료개혁안이 올랐다는 말에
모두 엄지와 검지 움직여 화면 넓히는 친구들
한번 숙인 고개 들지 않고
불판 위 고기만 연기로 턱턱거린다
학교 졸업하고 20년 만에 처음 만나
서로 손잡고 껴안고

남편, 아이, 은사님들 이야기에 시간 가는 줄
몰랐었는데…
오십 해 살다 보니 사회 의무감만 더 느는 걸까
집안일 잊고 오라는 회장 말에
몸은 가볍게 오는지 몰라도
온갖 사회 소식 가득 담아 들고 온다
11시
평생 비정규직 검색어에 편 나뉘어
서로 핏대 세우더니
하나씩 자리 비운다

분기별로 한 번씩 모이는 자리
곁에 누가 앉았는지 알까?

# 곁1

8월15일 중학교 반창회 날
영순아, 순옥아, 인자야
내 이름 불러 주어 들을 수 있고
네 이름 부를 수 있어 즐거운 시간
서로 안부 나누는 얼굴엔
함박꽃 벙실벙실
이런저런 소식이 오가고 거슬러 올라
중3때 담임선생님 소식에 호호 하하 웃음소리
1반이여서 공부 1등 체육대회도 1등을 독촉하며
건망증 있는 척 보이셨던 선생님
농번기로 숙제 못한 우리들 봐 주기 위해
숙제 잊은 척 칠판 써진 이름 지우며
"아이구, 내가 실수로 벌 받을 놈들 명단 지웠네.
이 건망증 어떤 놈이 치료해 줄까?" 웃으시면
우린 맞장구로
"그렇게 사세요" 부끄럼 없이 좋아라 했던 그 때
그 일흔 명 중
못난이 세자매로 불리우던
단 세 명만이 기억하고 그리워한다

입추가 지나 계절이 시방 막 4에서 5로 넘어가니
맛집 이야기, 시댁 이야기, 자식 자랑 보다는
세상사 검색어가 화젯거리 되어 웃음을 앗아간다
오십령 고개를 더 힘들게 오르라 한다.

# 친구야6

대청소 한다 욕실 신발장 큰방 작은방
베란다까지 묵은 먼지 빨아 들인다
딸그락 딸그락 청소기에 걸린 소리
중간 긴 홈 분리하고 필터 꺼내 살피니
머리카락 먼지에 숨어있는 나비 핀
핀 씻어 수건으로 닦다 울컥
스무 해 전 생일에 받았던 선물
주인이 사라진 것 아는 걸까
나비 되어 주인 따라 가고 싶어서
그동안 숨어있다 나타난 것일까
머리에 꽂으니
잊어 버렸던 네 손길에
혼자 슬픔만 삭힌다.

# 추억2

## – 겨울 합창

손끝이 아리도록 추운 날
하얀 들녘이
온 동네 아이들로 들썩였지

입김 호호 불며
눈길 걸어온 남자 아이도
어린 동생 등에 업은 채
친구 찾아 달려 온 어린 엄마들도
볼을 빨갛게
물들이는 칼바람쯤은 아랑곳 없었지

세상을 하얗게 물들이는
눈을 시샘하는
황소바람이
들녘에 희뿌연 눈보라 맴돌려쳐대도

우리들의
웃음소리는
눈부신 들판의 메아리 소리였지.

## 추억1
### – 여름 잔치

한 여름 밤

두 손 꽉 맞잡고
할머니 손바람에
살래살래 고개든 귀신 이야기

막 삶아온 옥수수
김이 피어오르면
귀신이 흐물흐물 나온다는 말에

언니 허벅지에 떨어뜨려
꿀밤 얻어맞고 울었지

매운 모깃불에
취한 모기들
소르르 쓰러지면

별 하나
모기 한 마리

별 둘
모기 두 마리

셈 공부하던
내 목소리
언니 목소리 따라
밤이 깊어갔었지.

# 추억4

– 개학날

새학기
새 친구 만나
돌아오는 길

유년의 꿈 가득한
봄 길 위에서는
허리에 두른 책보도
다사로운 햇살처럼 따뜻했지

흙먼지 뒤집어 쓴
검정 고무신도
우리들의
걸음에 맞춰 재잘거렸지

서로 닮은 모습처럼
똑같이 설레던 개학날

십리 넘게
걸으면서도 새살대는

우리들 수다가
들판을 웃음꽃으로 피웠지.

# 추억3

– 꽃그늘 아래

앨범 꺼내 본다
가만히 앉아만 있어도
소녀들 해실해실 웃으며
나를 바라본다

또 한 장 넘기자
봄빛 꽃그늘 아래
노란 병아리떼처럼 옹기종기 모여
앉은 내 동무들
앞니 빠진 잇속 드러내며
실눈이 되도록 웃고 있다

또 한 장 넘기자
목련꽃 아래
세일러 카라 세우고
바람과 함께 사라지다의
스카렛 흉내내며
플리이츠 치마 흔들며
실눈이 되도록 웃고 있다

또 한 장 넘기려 하자
나의 봄빛이 넘겨준다

덤불처럼 무성한 개나리꽃
담장 저편으로
짧은 봄이 마실 가듯 지나간다

봄바람에
치렁치렁 치맛자락 드리운 꽃그늘도
세월의 그림자 깊어가니
봄빛처럼 나이 들어간다

오롯이
개나리 꽃망울 동무들의
그 웃음만은 아직도
내 곁에 머물러 있다.

# 모녀母女

영암댁 셋째딸
어버이 날 선물 보따리 들고
골목 모퉁이 돌자
동네분들 담 너머 구경꾼되어 반긴다
어버이날 생일상에
빨간 카네이션 단
흐뭇한 영암댁 보며
모두 부러워한다
한나절 지나
해 기울어도
셋째딸은 수돗가 앉아
창고 시렁 위 묵은 그릇까지
꺼내어 닦고 또 닦는다
담 너머 구경꾼들
집안 구석구석 청소한다고 칭찬한다
접시 냄비 양푼 소쿠리가
제자리로 돌아 간 뒤에는
걸레 빨고 이불까지 빤다
그렇게

한 달 넘게 보내더니
첫눈 내린 오늘도
토방에 앉아 배추포기 자르고 있다
김장독 묻고
영암댁은 방에 누웠다
셋째딸은 자신의 딸에게
새엄마가 잘해 주는지 문자 보낸다.

# 아침 숲

베토벤 심포니 9번
마지막 악장 합창처럼
태양이 함성을 지르며 솟아오르듯

하얗게 밤새운 물방울 속살 날려
옷자락 바람에 살짝  들추니
다람쥐  꽃 새들 깨워
무도회가 시작된다

아까시아 향 찾아 온
벌 한 마리 입술 빨려다
멋진 왈츠만 추는 아침 숲.

# 메아리

산 중턱 숲사이에
영혼의 소리산다

독백을 들어 주며
외로움 보듬는 음

하늘과
영혼이 교감 된 찰나
비워지는 나의 마음.

# 오일장
### – 할머니들 좌판

따사로운 햇살
싱그러운 바람
시끌벅적 웃고 뛰노는 철길

호박잎 두어 묶음
상추 한 줌
검은 봉지에 얹힌
애호박 몇 개
완두콩 한 되 쯤

좌판이라
부를 수 없는
할머니들 세계

밤잠 설치며
몇 번이나 어루만졌을
푸성귀

덜컹 거리는 차 소리

자장가 삼아 이곳까지 왔겠지

'내가 기른 거여'
할머니 부르는 소리따라
일곱 살 소녀가 남광주 역으로 돌아간다

구경꾼도 없고
가격표도 없는 철길에
틈만 나면 구경오는 햇살과 바람.

# 폐지 할머니

새벽녘 6시
오거리 신호등 빵집
의자 주변 서성이는 유모차

송골송골 맺힌 땀 닦으며
생활정보지와 작은 박스 담고
건널 준비중

여름
7월

찰랑찰랑 불어온
속 없는 바람에
작은 박스 길에 눕는다 헐러덩

박스에 앉은 할머니
울컥 가슴 터진 서러운 이야기
박스에게 토해낸다
유리창을

손전등으로 비춘 듯이
선명하게 들려오는 지난 삶의 그림자

속살보인 박스 싣고
자리 뜬다

낮 1시
박스 안에 신문지 페트병
가득 실은 유모차가
할머니를 끌고 집으로 향한다.

# 밤매미들

흑장미 향 피우면
흐물흐물 잠 깬
금수저 물고 태어난 그림자들
삼삼오오 의사당에 모여든다
스멀스멀 하이데스 모양 그림자
두 손을 높이 쳐들자
그들이 박수 치기 시작한다
녹음이 짙어 낮 시간이 길어진지 두어 달
매미들이 아우성치는 그 시간
그들은 귀 막고 쉬었다 이제사 모이는지
어떤 일에 열광하는 걸까
주일에 영성체 받는 신자들처럼
줄서서 양식을 받는 그들
서로 무슨 이야기 주고받기에
어깨가 들썩들썩 흥겨운 건지
더 깊어지는 밤
벌건 대낮 야구장같이
우르르 모여 웅성거린다
11시 59분 55초

5,4,3,2,1
의사봉이 세 번 내려쳐치자
우우 모여들어 헹가래라도 할 분위기다
오늘도 그들은 분쇄기에 들어가는 서류를 보며
승리했다 와~ 함성과 함께 어깨춤 춘다
금수저들도 들썩들썩
위-윙-위-윙
가루 되는 종이에
밤매미들 맹맹맹
7년 기다린 흙수저 낮매미들
물건 훔치는 밤도둑보다
믿음을 배신하는 밤사기꾼 더 싫다며
벌건 대낮에 만나자 외친다
매-에- 맴-맴.

# 주차장에서

장애인 전용 주차 구역
38도가 넘는 뙤약볕에
미동도 없이
휠체어 탄 사람이
주차 되어 있다
그 위로
에쿠스 한 대 진입한다
넓은
사각 보호선
한 방에 쏙 들어가
시동 끄고 장애인 스티커 세운다
멈춘 차에서 내려
차에 깔린 장애인
바라보더니 걸어간다 뚜벅뚜벅

뒤이어
장애인 스티커 붙인
차 한 대
슬금슬금 배회한다

두 바퀴 돌지만
휠체어 탄 친구가 보이지 않아
일반 사각 보호선으로
주차 시도한다
한 번 들어갔다 실패
다시 들어갔다 실패 후 성공

호올로
좁은
사각 보호선에 갇혀
내릴 수 없다
가만히 앉아 있다
무슨 생각중일까?

# 얼쑤 2

아들 과학 탐구 숙제로 콩 관찰 일기가 있었다
하얀 보기기에 솜 깔고 콩 살살 뿌려
3~4일 지나자 수줍게 고개 빼꼼히 내민
푸릇푸릇한 두 잎이 나와 들길 걷는다

눈앞에 낯익은 모습
잎 무성한 콩밭 사방이 고요하다
콩밭 끄트머리 콩잎 봉긋하듯
누군가 내 부름에 손 흔든다
이렇게 무성한 잎을 가꿔낼 분은
단 한 분 어머니
서서히 발 끌어 인기척 내며 다가가니
콩잎 살짝 들어올린다
방금 호미질로 세상 본 촉촉한
속흙이 바람 맞고 있다
그 끝에 모로 누워 휴식 취하는
호미가 눈에 들어온다
오랜세월로 여위고 움툭해진 호미가
낯설지 않다

혼자
움툭해진 호미로
호두속 껍질 훌훌 털고
세상밖으로 나와 걷고 걷는다.

# 소슬 바람

소슬한 바람 불고
고추잠자리 나래
파닥이는 공허로운 파란하늘

이름도 채 구별되지 않는
들녘의 야생화 사이에서
연보랏빛 쑥부쟁이
한 송이씩 입 문 개구쟁이들
두런두런 얘기

바람 타고
소소히 내리는 나뭇잎도
해맑은 마음 되어
꽃구름으로 피어나
귓불 간질이며
콧등 훔치니

입안 가득
사탕 넣은 것도

아닌데 자꾸만
웃음이 비어져 나온다, 비시시.

# 부엉이 셈

부엉이살림 꿈꾸며
청약 저축 재형저축 개인연금
내집 마련 노후 위해 든 통장
기준금리 빠르게 하락하고
공공요금 인상
연금 개혁
신문 경제 사회면
내 안 갈등 키운다

다람쥐 건망증 심해
95% 찾지 못해
묻힌 열매 싹 틔워
튼튼한 참나무 숲 되듯
저축 늘어
무성한 통장 되면 어떨까

부엉이 셈하는 나는
'내일이 만기일입니다'

문자 도착할 때까지
바보 다람쥐 될 수 있는데…

# 엔젤피쉬

어항 속
수초 사이에서
숨바꼭질 하는 한 마리

열 마리에서
남은 한 마리

아이들의
톡톡 치는 소리에
꼬리 흔들며
밥 달란다

펄떡거려야 할 심장
소리 낮춘다
몸을 낮춘다

갇혀 사는 것에 익숙해져
자유를 갈망했던
본 모습 기억하지 못한 채

호올로

숨구멍만 붙잡고

몸을 낮춘다, 하염없이.

# 겁 없이 살고 싶다

신호를 기다리고 있다
차량들 쏜살같이 질주하고 있는데
횡단보도에 이름모를 애벌레
꾸물꾸물 기어가고 있다
무단횡단
대형사고 직전
바퀴에 깔려 짓이겨질 순간

눈 감았다 떴다
아스팔트 열기가 현기증 일으킨다
꿈틀꿈틀
차들이 잘 피해간다
피하지 말고 다 덤벼라 외쳐도
스물스물 피한다

파란 신호등에
오고가는 바쁜 발걸음
위험하다 직감해서일까
되돌아 다시 오던길로 기어간다

빨간 신호 바뀌기 전
인도로 가기엔 어림없다
사람들 발에 밟혀 죽을지경

반대편으로 다시 돌진한다
아무렇지 않게 꿈틀대고 싶지만
몸이 솟대 위에 서 있다

누군가
나를 향해
한걸음만 한걸음만 외친다

그 응원에
한 발 내딛으나
쓰윽 지나는 자전거

절로 컸다고
겁 없이 까불다가
저 죽을 줄 모르는 녀석, 바로 나.

# 글쎄

반환점 향해
뛰는 마라토너는
깃발이 시야에 들어오면
환희 미소 보낸다

도착점 향해
뒤 한번 바라본 후
또 다시 뛴다

오늘
나도
내 인생의 터닝포인트에 서 있다

Yes
No

쉰 해 동안
학습했지만
어렴풋한 새벽 공기같은 존재

Yes

No

선택하여

이제

내 인생 마무리 하고 싶은데

씁쓸하다

씁쓸하다

내가 뛰어 얻은

이 세상의 말이

Maybe라니.

# 진실

어머니!
어머니 가슴이 아파요 울 수가 없어요

구치소
흐느끼는 고독이
공포 안고 다가온다

방화사건 일어났다
방화 5분 전 CCTV 찍힌 단 한 사람 딸

검사는 그녀가 보험금 노려
어머니 살해 한 후
방화로 위장 했다며 15년

판사는
증거 부족
3년 집행유예 선고

그녀의 이름 검색하면

모친 살해 가장 위로 뜬다

그녀를 사랑하는 남자
그녀가 사랑하는 아들
그녀를 따르던 남동생
그녀가 따랐던 친구

결백 믿겠지 했으나
시퍼런 절망 이겨내지 못해
4살 아들 친구에게 입양 보낸다

저런
친구의 남편이
아이의 친부親父

방화는
남편 짝사랑하던
친구가 꾸민 짓

그녀는
오늘도 진실을 흘러보낸다

내
손을 잡아
친구의 손을 덥석 잡는다

협곡인 손
그 손이 따스하다

진실의 마침표 하나 찍지 못하고
무거운 하루의 창 닫지도 못하고

"친구야 행복해"
손만 내민다
이복 자매란 걸 알고 있기에.

## 추억6
### – 석류

유월 햇살 베어 물고
살 비비는 석류

여왕벌 감싸
꽃씨 영글면
애벌레 포근하게 꿈꾸던 곳

익다가 터질 것 같은
총총한 이빨이
드러나면

친구와 따 먹던
그 석류.

# 그냥, 오늘

스르르
희미하게 들리는 음악 소리에
풍선들 날아오르며 쭈그러지는
그를 애처롭게 바라본다

하늘 향해
가오리연 꼬리처럼
하늘거리며 힘차게 솟는
풍선의 꼬리 잡고 싶다
그냥, 오늘

마지막 힘 다해 팔
뻗지만 묶인 발의 힘
더 강하게 잡아 이끈다

깜박깜박
칼 벤 자국 안으로
찬바람만 들어온다

가게 안에서 나온
친구가  쭈그려 앉은 그에게 말한다
'친구야 ~힘내!'

행여나!
행여나!

손 뻗고
귀 쫑긋
나를 스쳐지나가는 말인지!

'친구야 ~힘내!'
한줄기 빗방울만이 말한다

# 시계

아무리
없어도
있는 체 한다는 세상

왜
조용히 있을까
귀 대고 들어도
소리 나지 않는다

흔들어 본다
천천히
천천히
세계
움직임 없다

초침
분침
시침
물레방아 돌 듯

박자 음정 맞춰 돌았는데

손목에 차고
전지 갈러 가는 길
넝쿨의 그림자 날 끌어당긴다

수리센터 문 잡는 순간
시곗줄 올가미되어
손목 얽어 무거웠다

손잡이 돌리다
그냥됐다

어머니와 추억
멈추고 싶은 시계가
날 대학 졸업식장으로 이끌어서.

# 환한꽃

오늘도
그녀는 조화造花 한 다발 만듭니다
꽃집에 생화 가득한데
왜
만드는지 모르겠습니다
작고 오래된 항아리에 담아
입구쪽 둡니다
분명 생화를 좋아하는데
어찌하여
시들지 않는 조화 만들어 놓는걸까요
궁금증은
할머니 한분 방문으로 알았습니다
"오늘도 새로 들어온 꽃이구먼"하시며
한 묶음 들고 가셨습니다
생화 사면 금방 시들어 죽는 꽃 보면 늙는다는
할머니 말씀에 조화 만들게 되었다는 그녀
가끔 자스민 향수 뿌려 놓으면 향기가 난다며
"회춘하는 꽃도 있는 갑네" 하신단다

두고두고 시들지 않는 꽃 파는 그녀가
꽃집에서 가장 환한 꽃입니다.

# 술이 취하지 않는 밤

겨울비 내린다
포장마차 지붕위로 떨어지는 소리
마음 편안하게 한다
투 둑 투두두둑
내 귀 안테나되어 쫓는 소리
주거니 받거니 저승사자 타령이다
저승사자는 뭐 허까이
국회가 즈그들 집인가?
멱살 잡고 물어 뜯고
저런 놈들 안 데려 간당가?
워~따 돈은 많은게 맷값도 주고
60~70년대 힘들었던 이야기까지 꺼내더니
술이 취하지 않아 잠들기 힘들다고
소주잔 오고간다
요즘 어째 술맛이 없는지
술이 잠 좀 재워 줬으면 좋겄다고 우리에게 한잔 주신다
투 둑 투두두둑
단골손님이라 우산 챙겨주는 아주머니께
손사래치며 우산도 쓰지 않고 천천히 걸어간다

바람이 호통치니
세상이 벌벌 떠네
이 거리 누가 구할 것인가
이 횡포 누가 막을 것인가
하늘에게 묻습니다
두 분이 떠난 자리에
술 취하고 싶은
두 분 그림자만 하늘에게 묻고 있다.

# 스톨속의 나

서너 살짜리 지능으로
폭 60cm 스톨에 갇혀 있는 나

따뜻한 햇살
부드러운 흙 내음
나의 온몸 휘감아도
움짝달싹 할 수 없다

내 몸보다 좁은
칸막이 방

다리 뻗고 싶어
창살 뜯고 싶지만
오늘도 한 방향으로 누워있다

태어난지
10일 만에
송곳니 뽑히고
꼬리 잘려나가

공격성 잃어 순한 양이 된 나

지긋이
눈 감아 호흡한다
시각, 청각, 후각 모두 살아있다

내가 바라는 건
햇살 아래서 킁킁거리며
CCTV 눈초리 받지 않고
자유롭게 걸어다니는 행복 뿐

폭 60cm안에서
살찌우며 살기 싫다.

# 산 오를 때는

산 오를 때는
완전 무장 풀고 오세요

편백나무 숲이
그린 향 선물 하고 싶어
살랑살랑 꼬리치며 곁에서 속삭여도
쿨 긴팔 장갑 끼고 있으니
좋은 향 들어갈 수 없어 슬퍼해요

산 오를 때는
완전 무장 풀고 오세요

편백나무 숲이
매일 상쾌한 인사 하고 싶어
좋은 생각 좋은 햇살 귓가에 속삭여도
요술 목도리 둘둘 감고 있으니
좋은 소리 들려줄 수 없어 슬퍼해요

산 오를 때는
완전 무장 꼭 풀고 오세요.

# 아이러니

친구 아버님이 위독하다는
전화 받고 달려가니
수술실 입구서
아버님과 친구가 손 놓으며
서로 눈물로 답한다

–우리 아버지가 말 못혀야
–우리 아버지 좀 살려줘
–진작 모시고 살걸
친구의 한탄 소리만 복도 울린다

–엄마, 딸이야
맞은편 분만실에서 나온 남자 소리
기쁨과 흥분에 얼싸안고
서로 손 잡고 눈물로 답한다

긴 복도 양쪽에서
탄생과 죽음의 길을
초조하게 기다리는 병원.

# 백목련

## –소녀상의 눈물

순례 상여가
집 나선다

담 위로
고개 내민 목련화 가지
포물선 그리며
손 뻗어 상여 꽃 잡으려한다

한 줄기
달빛만 머무르던 방
고향 그리며
파르르 떨던 열여섯 순례

환향녀 꼬리표
저물녘이면
목련꽃 그늘에서 서성였다

어느 봄날
한 줌 바람이

목련꽃 무늬만 새겨진
이불 한 채 수 놓자

순례의 슬픔이
저녁 노을로 물들였다

순례 상여가
다시 출발한다.

# 자목련

–소녀상의 눈물2

아침이슬 반짝하니
투명한 날개짓하던
나비가 떠나고
꽃봉오리 연다

캄캄한 속에서
밤새 지새운 자주빛
꿈틀꿈틀 이슬 피운다

미친개 물려
기억 지우며
내일은 오겠지
모레는 오겠지

깨어나면 죽기에
잠 설쳤던 36년

옥양목 저고리
나비에 접혀

향기 날리더니
바람 따라
말없이 떠난다, 하늘하늘.

내 볼 훔친 첫사랑
뭉클한 꽃 구름 사이에
그네 타듯 엿보다
별빛 되어 떠밀려 갔지.

# 오늘은

그 날
길어진 네 그리움이
내 발 그림자 되어
한복판에서 서성거렸지

삼거리에서 쭈뼛거리며
눈만 마주보고
오른쪽 길로 꺾어 가는 너를
차마 잡지 못하고
등 돌려 다른 길로 들어섰지

그 때
날 싱그러운 바람이
유혹해 끌어당겼기에

그날
네 그리움 안은 그림자 붙잡고
유혹 뿌리치려고
난 왼쪽 길 귀퉁이에 숨어

얼마나 기다렸는지

그래
그때였지
부르기만 해도 먹먹해지는 이름이란 것을

오늘은
나도 모르게
왼쪽 길에서
중심 잃고
오른쪽 길로 들어선다
너의 이름 부르며…

# 해당화

하늘빛 물든 바닷길
첫사랑의 입술 처럼
붉게 핀 해당화

뙤얕볕 견디며
어스름 모퉁이에
살며시 고개 내민다

흐르는 별빛에
미소 지으며
사랑의 설레임
두근거린 가슴

그리움이
머금어 오는 사랑.

# 사랑초

아린 바람
온종일  맴돌다

사락사락
어둠 밟으며
말없이 돌아가자

일렁이는 가슴 물살
가누지 못하여
팔랑팔랑 날갯짓만 한다.

# 가을 오후

바람의 휘모리 장단에
가을 잎새들 울며 날아간다

콕 박히는 하나
뭘까?
늦가을 서러움
식었다 덮혔다
반복되는 몸
바알갛게 물든 나뭇잎되어
소리낸다 바스락바삭

낮 12시
공작새가 날개 접고
주르르
또르륵
파란 하늘로 올라가던
나의 꿈 나의 사랑이 떨어진다

민트향만
정적을 감싸 안은 가을날 오후.

# 꽃이 필 때까지

타닥타닥
격렬한 부딪힘
오늘 같은 날은
우리 조용히 쉬어요

살아 가면서
오늘 같은 일이
어디
한두 번  뿐이겠어요

우리가 힘 합쳐
닻을 높게 펼쳐도
순풍 아닌 역풍 만나
피 할수 없을땐
몸 낮게 엎드려 쉬어요

추운 겨울 동안
땅속에서 움크리고 있듯이

사랑의 싹이 피어나고
꽃이 필 때까지 기다려요.

# 석류2
## –첫사랑

거친 바람이
꽃봉오리 뒤흔들어도
벙그는 풀잎 살포시
안으로 감싸안는 오월

사랑의 불길에
뜨거운 태양이
빛 잃고

생살 찢어지는 아픔에
옹알이 하던 날

너는
톡 터뜨렸지.

# 산정호수에서

물기 어린 어두움
고요 속에
천천히 눈 뜨면

밤새  산정 호수에서 놀던
별들 은하수 건너
새 날 펼치고 노저어 간다

파란 하늘 닿을 듯
솟은 소나무 두 그루
흙 밖으로 뻗은 뿌리
위태롭게 부여잡고
우리 부부 발목 잡는다

호젓이
두 그루의 뿌리 만진다

살짝 들춰진
검은 그림자 마음

바람이 읽고
수화로 말한다

나는
그 언어들
하나 둘 조립한다

차마 읽지 못하고
흔들지도 못해 서성이던
사랑의 황홀한 언어들

바람이
둥근 언어로 가만히 웃음 건네주어
우리들 속살을 드러내 준다.

# 봄 햇살

문 열고
방안으로 봄빛이 걸어 들어오자
내 그림자가 맨발로 앞지른다

숨 돌리는 사이
금세 가 버린 시간

소처럼 되새김질 하며
추억 너부랭이
하나 둘 끌어내 들여다보니
날 감싸주는 햇살

어디에서 서성인지 몰라
두근두근 기다리던 봄빛
피어오르는 봄꽃향에
저절로 가슴 쿵쾅거린다.

# 그 순간

어디서 오고
어디로 가는지 모르는
저어 구름

얼마나
더 멀리
더 빨리 가야
저 구름처럼 평화로울까요

당기지 않아도
당겨 와
어깨에 걸터앉은 상념들

알루미늄 호일 속
김밥 밥알처럼
꼬깃꼬깃 숨어있던 욕심들이
목구멍 속에서 꾸역꾸역 고개듭니다

이만 하면 됐지

더 멀리 가지 말자
당신의 목소리가 들리는 그 순간

먹빛 구름에
뱉은 말들 주섬주섬 주워
갔던 길 내려옵니다.

# 빛 메아리

빛이 내립니다
빛이 쏟아집니다

눈물의 햇살이 먼저
나뭇잎 뚫고 들어가
우리들 자리에 앉아 있습니다

가슴에 노란 수건 단
살갗 스치는 바람도
너울너울 춤추며 파고듭니다

당신과 만나던 그곳을
먼저
빛이 자리를 꿰차고 비키지 않습니다

가장자리에 살짝 걸치고 앉아
사알살 몸 부비니
당신의 웃음 소리로 터뜨립니다

아무런 소식 없더니
빛 메아리가 되어 돌아오셨나 봅니다.

# 아침

어둠속에서
새벽의 고요를 깨뜨려
여는 아침

창문 열고
비 오는 바깥 바라본다

오늘은
누우렇게 흐려서 보이지 않던
무등산이 눈앞으로 가까이 앉는다

창문 하나 더 열고
눈길 하나 던지자
안 잊어버렸노라
더 다가와 부비는 바람

비가 온다
가슴속에
쉽게 바라 볼 수 있던

그 산 잃은 내 맘 달래주려

풀어도 풀어도
풀리지 않는 체증같은
그 실마리
빗소리 따라 흘려보내라고

이것이냐
저것이냐 머뭇거리며
회색지대에 멈춘 나를
행복의 작은 문 부여 잡으라고
초록의 비로 보여준다.

# 미로 게임중

능선을 오르다가
숨 고른다

회오리 바람에
산은
물러앉아 깊게 바라보고
바다는
그리움 아늑히 숨긴다

믿고 기다리는 건
마음 찢는 일이라며
산메아리 울먹이고

핑계가 길수록
마음 바다의 깊이가
더 아늑해진다

참견할수록
불 번지듯

오해만 탑 쌓아
가슴 도려내는 일만 늘어

말이 궁하고
통하듯 통하지 않으니
생각이 온종일 미로 게임중이다.

# 11월 바람

좋아하면 들린다는데
사랑하면 보인다는데

우울해 화 낼 때도
심한 말 할 때도
인고의 사랑으로 기다려 주던 당신의 미소

가을 가고
다시 가을 가도록
싹둑 잘린 밑동이 되어
피 흘리고 서 있던 당신

낯설고 한없이
익숙한 그 곳에 서서

귀 열고
가슴 풀꽃보다
더 낮춰 당신 그림자 찾으나

달빛에 삭은
11월 바람만
가슴에 앉습니다.

# 바람에 실려 가는 내 사랑

숲길 걷다 널다리 앉아
흐르는 물에 손가락
물 적셔 판교에 이름 석자 쓴다

햇살 찡긋 윙크 하며
이름 들추는데 바람이
나뭇잎으로 살포시 가려준다

물고기 물 튕겨
어루만져 주니
찌르르 상쾌하다

내 욕심에 버리지 못하는 그 이름
들판 허수아비처럼
버겁게 그리워하는 마음 알고

유유히 흐르는 물
흘러 보내라 가린 나뭇잎 위에
또 하나 떨군다

그 잎에
물 적셔 이름 다시 쓰니
바람에 실려 떠나는 내 사랑!

# 뚜벅이의 꿈

저벅저벅
스멀스멀 기어나온
애벌레가

뚜벅뚜벅
걸어가
실타래를 만든다

저벅저벅
저녁 실타래 그림자가
포근히 한올한올 풀어준다

한울 빛
하늘하늘 비추던 날
오색 날개 펼쳐 날아오른다

"카르페디엠, 2060. 10. 28."
"카르페디엠, 2060. 10. 28."

# 꽃무릇

아이고 슬퍼라
부부의 연 맺기 전
그냥 슬쩍 궁합보지
밤이면 저리 슬피우는가

달 뜨면 만나려나
별 뜨면 오시려나
가슴 올리고 피어나

님 오시는 길
불갑산 모퉁이 산비탈
붉은 빛으로 넘실댄다

스쳐 지나가는 연인
살가운 입맞춤에
노을만 토해내는구나, 오늘도.

# 나의 집

펜 들고
나의 집 그린다
장미넝쿨 걸쳐진
내 허리쯤 대문 열고
기둥에 새 풍경風磬 그리고
유실수 사이
그네 하나 그린다
새 한 마리 날아와
그네 위에 사분히 앉는다
미풍에 꿈쩍 않던
그네가 흔들거린다
싱그러운 바람 밀어주자
심술 났는지 멈춘다
푸른 잎들 간질이지만
미동도 없다
누가 그렇게 화나게 하는 걸까
새가 날아오르자
아쉬워 혼자 흔들거린다
빨간펜으로 글씨 쓴다

흔들어주세요
흔들어주세요

그 다음
집 창살 하나씩 채운다
반짝이는 금빛 부스러기
풀벌레가 음표 그리도록
집안으로 들어가지 않는다

그네에 앉아 기다린다
흔들어주세요
태워주세요
누군가 나와 함께 들어가 주길 기다린다
그네가 흔들리기만을…

# 가을볕

식탁에 앉아 밥 먹으면
꼼지락꼼지락 다가와
빛타래
한 올 가까이
한 올 가까이 앉습니다

내가 서면
한 올 멀리
한 걸음 다가서면
한 올
머얼리 떨어집니다

스스로 만든 경계선
넘지 않는 볕

우리가 서로 티격태격하는 것
경계 넘기 때문
볕이 알곡 농부에게 주는 것처럼
나도

때 묻지 않는 세상맛 보여주고 싶은데
고소한 참깨 기름도 첨가 하고 싶은데
자꾸 욕심에 선 넘으니
우리 벽이 두꺼워지고 높아집니다

작은 풀벌레 소리
슬피우는 갈대 몸
눈망울을 굴리며
아침을 맞는 이슬을
모두 보듬는 가을볕처럼

나도
조용히
당신 곁에서
가을볕이 되고 싶습니다.

# 내 마음도

뭉게 구름
파란 옷자락에
오선 긋고

작은 새 몇 마리
퐁퐁 포르릉
뛰어 논다

팔락이는 언덕
퐁퐁 포르릉
하얀 발자국
음표 그리면

하얀 점
하나 둘
먹점 물들어
울컥 쏟아질 것 같은 하루.

# 고부姑婦의 묘

붉게 물들이던 해가
휘적휘적 넘어가고 있다

만선을 꿈꾸며 떠나는 임 배웅하는 날
눈시울 붉그스레 물든 채
숨죽여 흐느끼던 며느리 강물 되고
그 마음 다 안다며
지긋이 바라보던 시어머니도 강물되었다

산골짜기 사이 타오른 붉은 단풍
은빛 강가 갈대꽃 흔들리고 있다

잎새 위에 조용히 내려 앉아
어루만져줄 달을 발끝 세우고
기다리는 두 묘

어스름 빛으로 깊어가는 저문
강을 바라보는 고부의 기다림
얼음속에서 붉게 불이 타고 있다.

# 백수의 어머니

쌀 안치고 가스불 켤 때까지
수돗가 앉아 계시는 어머니

"뭔 손 그라고 싹싹 씻은다요
토란 벗긴 손도 아닌디"
"니 합격 소식 오믄 싸게
전화 받을라고 그라재"

닭이 홰 치면
앞서거니 뒤서거니
영암아재네 사랑방 모인다

노랫가락 웃음소리 담벽 넘어
마루에서 기다리는 달력에
ㅁ, ㅇ표 그린다

동그라미 한나절
네모 반나절
"오늘 뭐하고 놀았다요"

"화토놀이 했재
 짝도 잘 맞대"
 이천원 건네준다

이황선생 눈이
마늘 냄새로 축축해져 있다.

# 시방

길고 긴날
몇 고비 넘고 또 넘어
달려온 차창 밖 가을은
아직도
덜 자란
꿈으로 다가오고 있다

시간은
일상을 뚫고
아직 마르지 않는
내 꿈 찾아
덤성덤성
뛰어가던 한 나절

구슬같은 햇살이
아침을 깨며
달리는 하루

나뭇잎 날리는 소리에
덩달아
가을 엽서 같은
해맑은 꿈 열고
나를 찾는다

난
어디쯤 와 있을까
시방
어디 와 있을까

나의 꿈
나의 행복은.

# 이병 아들

아이가 부동자제로 서 있다
반쯤 가려진 군모 아래
흐르는 긴장감

아들에게
가까이 다가서지 못한
내 주변에
봄도 어정어정거린다

발밑만 물끄러미 들여다
보는 내게
다가온 아이

–엄마!–
내 입에서 맴돌던
아들이란 소리가
봄 햇살에 조각조각 떠나고
엄마란 소리를

물결 바람이
몰고 왔다, 울컥.

# 사랑해

당신을 기다리며
설레임
그리움으로 다가왔습니다

나날의 삶 아름답게
해 준다는 약속

고달픔조차도 보람으로
하루 마무리 짓게 하니
내 어찌 미소 짓지 않겠습니까?

당신을 사랑하며
슬픔
기쁨 속에 공존함을 알았습니다

삶의 매 순간 함께
나누는 이야기

산산조각 흩어진 슬픔을

웃음으로 한곳에 모으니
내 어찌 기쁘지 않겠습니까?

'사랑해 우리 한곳만 바라보자'
오전 10시 수신 문자에
은혼식銀婚式인 오늘도
두근두근거린 가슴이
당신을 향해 뛰웁니다.

# 또 사랑할거야

그가 운영하는
커피숍 문 열고 들어서자
"사랑합니다"
고무줄 튕겨 오르는 입가 미소로

4년 전
그녀가
빤히 자신 바라보는지 의아하던 그

카페라떼 주문하며
며칠 전 소매치기 이야기 꺼내자
손 등으로 어깨 툭 치며
"우리 인연인가?"

가슴이 뛰었다
그녀 가슴이 뛰었다

남편과 사별 한 지 삼년
멈추었던 심장이 살아있었다

재혼 생각 않던
그녀를 바꾼 그

매일 따뜻한 라떼 준비 해 놓고
예약석 같은 좌석 준비 해 준 그

오늘은
그 자리에서 다른 여자와 웃고 있다

사랑합니다
사랑합니다

초코렛 같은 목소리로 인사했던
그의 어깨를 툭 치고 지나치며
"우리 우연인가?"
고무줄 튕겨 오르는 입가 미소로.

# 회양목

이른 봄 일찍 꽃 피고
꿀벌 부르며
있는 듯 없는 듯
띄지 않던 회양목이
내 눈에 들어온다

언제나 잔잔한 미소로
내가 필요할 때
곁으로 와 주고
혼자 있고 싶을 때
물러나며
내가 지칠 때
위로해 주고
내 삶이 버거울 때
용기 주는 당신

당신이 인도하는 길은
침울한 마음 터널 지나
눈부신 초원의 빛 되어

맑고 깨끗한 기쁨 주고
희망의 다리 놓으니
내 삶의 물음표가
느낌표로 반짝입니다

잔풍한 날 오후
은은한 회양목 향기가
오늘도 나를 끌어당깁니다.

# 꽃물

봉숭아 꽃 손톱에 앉으면
님 그린 하얀 반달
다홍빛으로 물들기 시작했지

가슴까지  차오르는
그리움의 장대비 달래려
후후 불어도
꽃물이 곱스럽게 피어났지

내 볼 훔친 첫사랑
뭉클한 꽃구름 사이에
그네 타듯 엿보다
별빛 되어 떠 밀려갔지.

나를 찾느라 애 태워
방망이치던 어머니의
심장 눈물에
달빛 오른 샘가
장독들도 행복 눈물로 반짝였었지

오늘은
빗방울이
그 빗방울만 찾고 있다.

# 참말로 맛난 세상인디

아슴한 새벽 밤비에 젖은 마당
대비질 하듯 가슴 쓸어내리며
눈물도 흐르지 않는 날은
터알 앉아 하늘 보시는 어머니

오매! 죽겄다
들판에 치자빛 넘실대고
가을볕 마알간 날
하나 둘
연기 오르는 집
오매! 오늘은 어잖을까

명치 끝에 묻어둔 그리움
소쩍소쩍
시도 때도 없이 가슴에서 울어 대니
오매! 환장 하겄다

젖은 솜보다 더 무거운 무게가
둠벙에서 손짓하니

으메! 어잖을까
참말로 맛난 세상인디.

# 삼만원

달빛이 두드리는 유리창 여니
바람이 방안으로 스며들고
달은 창틀에 매달려
포도송이처럼 그리움 내뿜고 있다
음력 섣달 열이렛날
아버지 이름표 달고 거실에 앉은 쌀 한가마
쌀 속 손 넣으니 누런 봉투 하나 익숙한 필체
손 떨림 사이로 잡히는 빳빳한 삼 만원
민들레 주위 맴돌다 앉는 나비처럼
하늘하늘 꽃잎 되어 내 손바닥에 얹는다
–생일 날 케이크 사 주거라
손주녀석 생일 케이크 값 보내기 위해 얼마나
많은 것 참으셨을까!
전화선 따라 들려오는 아버지 목소리에
다스한 물만 내 얼굴에 흘렀었지요

# 아버지

빈 몸뚱이
ㄱ자로 서 있는 콩대
곰살갑게 반기니 울컥해진다

유난히 더웠던 그 해
아버지 대신 도착한
택배 상자 속 누런 콩

뇌출혈로
쓰러졌다는 소리에
뵈러 간 날

광목에 풀먹인 옷이
마당 지키던 콩대와 함께 울었었지.

# 햇살에 안겨

얼마나 오랜만에
어머니의 품에 안긴 것인가?

푸른 하늘
눈 감으면 가슴속까지
꿈 스며들어
어머니의 자장가
풀벌레소리 들려온다

어머니 부드러운 입김
훈훈한 바람
온몸 스쳐가고
그 따스한 손길
저녁 햇살 이마 만져 준다

다리 쭉 뻗고
기지개 켠다
하품도 한다

아…
까닭없이
울고 싶다
어리광 부리고 싶다

"어머니!"
크게 부르자
달콤한 바람이
어머니 그린다

쪽진머리
불그레한 볼
작은 눈

입가에 사랑
머금고 계신다

얼마만의
행복인가?
어머니 품에 안겨 있다니…

# 나의 어머니 배순복

성인문해학교 수업시간
수전증 걸렸는지
선생님이 옆에 오면 손이 떨려요
바삭 마른 잎처럼 부서질 것 같은 손동맥 진동
어머니 손 붙잡아 바르게 쓰도록 한다
여덟살에 메고 싶었던 책보가방
연애질한다고 불쏘시게 되었던 책보가방
아버지 몰래 아궁이에서 꺼내 울었다는 어머니
아침이면 연필 깎아 필통 챙겨 넣고 희망학교
목련반 교실 셋째줄 앉아 열두 칸 국어 공책 편다
문해학교 교과서 글자가 열 칸에 맞춰 있어
글자를 따라 쓰면 두 칸 남는다
두 칸이 아깝다 하지만 책 나온 대로
읽으며 쓰다 보면 딱 두 칸 또 남는다
아까운 칸에 두 자만 쓰자니 허전해 칸 나가 석 자 쓴다
6개월 동안 날마다 쓴 문장 다음을 읽고 써 봅시다
또 읽으며 또 쓴다 다섯줄
선생님 이놈 글자 어째서 맨날 나온다요
또 읽고 또 쓴다 다섯줄을

2교시 쌍받침, 겹받침 배운다
ㄱㅅ, ㄹㄱ, ㄹㅎ, ㄹㅂ, ㅆ
발음대로 쓰다보면 헷갈려 아웅다웅 싸우는 받침들
선생님 요것들도 지들끼리 붙고 싶어 싸운갑네
사람들 모양새랑 비슷혀요
어제 동네에서 있었던 이야기 꺼내신다
3교시
세월이 흘러 젊은이가 늙어간다
내 받아쓰기 부름에 어머니 헛웃음만 짓는다
선생님 책도 늙어간다 가르치네요
일흔여덟 먹도록 요런 글씨 가르쳐 주는 소리는
처음 듣네요
4교시 수업 끝 종소리에
방석, 컵, 읽기 책, 공책을 주섬주섬 챙긴다
내일 또 가져 오는데 무거우니 두고 가세요
말에 선생님 뭔 그란 말을 헌다요
학생이 자기 물건 챙겨서 다녀야재
하며 무거운 가방 메고 희망학교 문 나선다
5개월 동안 익힌 한글로 자식 이름 쓸 수 있고

우체부가 편지 주면 읽을 수 있어 기분이 좋으시단다
병원이나 은행 가서 내 이름 석 자  쓸 수 있어 행복하
시단다
문 열고 나서는 어머니들 뒷모습에 나의 어머니가
걸어 가신다.

# 이를 어쨌을까!

유리창 광고 가린다고
민원이 잦아
나무 벤다는 알림에
사거리로 나가 보았다

기계톱 소리에
하나 둘 잘려나가는 나뭇가지들
눈엣가시 같던 나무
뿌리째 뽑혀 드러 눕는다

“오~메 어쨌을까?”
뿌리에 덕지덕지 붙어 있던 벌레들
고물고물 기어 나오고
작은 새집도 또르르 구른다
조각난 나무 나이테도
눈물꽃만 핀다

이를 어쨌을까!

# 발소리

눈에서 멀어지면
잊혀진다 하더이다

오늘처럼
비오는 날이면

흐른 세월 상관없이
어찌 이리 발소리 들리는지

고샅길
뚜벅뚜벅 걸어오시며
오수에 든 우리들
부르던 소리
“다섯째야~ 막내야~”
맨발로 뛰쳐나 갈 것 같습니다

이른 이별
멍한 가슴
마디마디 저며옵니다

사립문 열고
부름 기다리니
사르르 아르르
빗소리 떨려옵니다

고샅길 내다보니
삼도천 시간 걱정에
안개 가득한 두 눈
온 가슴이 뿌옇습니다

눈에서 멀어져도
아버지의 발소리는
아니 잊혀지더이다.

# 음력 8월 16일

단풍이 물들기 전
겨울이 먼저 찾아 온 1999년

계절 잃어버린
가로수 잎 거리 헤매고
가을 하늘에는
철새 몇 마리 날아다녔지요

후회하지 않는 삶으로 살라며
그동안 고마웠다며
추억은 낡은 옷과 같으니
떠올리지 말라 하셨던 아버지

아버지,
15번째 만남
잊지 않으셨지요

오늘밤에는
아버지가 좋아하던

막걸리 준비해 놓고 기다리니
달 그림자 새옷 입고 어서 오소서.

# 칠일

밤새 뒤척인 가슴 안고
좁고 긴 복도 지나
빛이 묶여 있는 문 열고 들어선다

말문 닫은 사흘
한번이라도 날 부르실까
손 놓지 않고
물수건으로 입술 적셔드렸건만
사흘의 기적은 없었다

얼굴 주름 한 올
손톱 밑 때 하나까지
내 눈에 새기시며
삼일 이별시간
눈물 한 방울로 답하신 후

그리움에 술이 눈물이 되어
투명한 실오라기
한코한코 짜내어

어머니와 되돌려 사셨던 일상
나흘째 조용히 숨결 푸셨다

살아생전 감추셨던 속살
마지막으로 보이며
어머니께서 손수 지어 두셨던
명주 수의 입고
늘 다니던 장터 지나
사주단자 오던 길 다시 밟고
산모롱이를 아버지 냄새가 떠났다

'하관' 소리에
꿈을 꾸는지
허벅지 꼬집어 보지만....

우리 울음소리
솔잎사이로 은은히 흐르고
아버지는 어머니가 손짓하는
긴 길을 따라 가셨다

바람이 절단당한
그 칠일이 그렇게 갔다
선홍빛 엽신 하나
내 가슴에 비수로 꽂고 갔다.

## 아버지2
### – 병실에서

녹슨 바람을 가르며
오래 전에 떠난 길 하나
묵은 곰솔 수북이 키우며
아슴아슴 늙어가고 있다

하늘높이
솟은 솟대처럼
자식들 향해
거미줄 모양 동맥
야윈 두 다리로 바라보던 아버지

세월에 멱살 잡힌 기억 너머로
멀어지는 흔적에
가물가물 울먹이고 있다.

# 손전등

한식날 성묘 후
빈집에 들렀다

이방 저방
아버지의 흔적이 쌓여 있는
따뜻한 온기를 느낄 수 없다

딸깍 딸깍
소리 좇아 창고로 가니
아이 손에 쥐어진 손전등

호기심에 분해하는 옆에 앉으니
대 여섯 소녀와 아버지가 함께 앉는다

아버지 거기 있어
응
아버지 노래 불러줘
이별의 부산 정거장
아버지~

오냐!

어릴적 화장실 갈때면
아버지 손에 딸려와
나와 같이 화장실 갔던 손전등

야자*할 때면
아버지 손 따라와
골목길 밝히던 손전등

덜컹덜컹
방지턱 넘을 때마다
굳은살 박힌 내 손이
아버지 손인줄 알고
방방 뛴다.

---

* 야자 : 야간 자율 학습

# 아버지의 기일

가파른 등성이 오르는 한 켠에
바위 허리춤 부여잡고
매달린 소나무 뿌리처럼
비바람 신음 소리에도
천지를 흔드는 폭풍에도
안간힘 쓰며 옹 깊게 사시고

가로등 뱃머리에도
난간에 등 기대어
어둠 헤쳐 나가고

삶의 굴곡 소용돌이칠 때마다
신음소리 내지 않고
무릎 쭈그리고 앉아 버티셨지요

세월 따라 휘어진 몸
해를 등진 수묵화 실루엣되어도
늘 우리를 안으셨지요

열 한 번째
하늘 문 활짝 열고 오셔서
두 분의 하늘 다므사리 얘기 들려주소서.

# 목소리

허리디스크 수술하신 어머니
허리에 꽉 맞게 복대 두르고
누렁이 앞세워 묵밭 지나니
“이러이러~ 언능 가자 언능”
카랑카랑한 목소리 들려와 풀썩 주저앉는다

이른 아침
논 물 대러 나오신 아버님
땀방울 송골송골 맺혔지만
객지의 자식들 생각에
휴식 잊은 채 등 굽혀
생땅 일구느라 고생하던 때 생각나 흙 만지신다

“이러이러 이럿이럿~
허양 육십점이다”
밭가는 소리 깊어가고

몰오른 햇살도
물오른 달빛도

비추는 둥 마는 둥
밭일은 왜 이리 끝나지 않는지

아버님인가
산까치 숨어보다 그냥 가고
“이러이러~와 이리 힘들다냐
이렇이렇 언능 가자“

황소 고집도 단숨에 순종하던 목소리
어디로 다 흘러 보내고
콩 쭉정이 같은 목소리만 울려 퍼진다

까아깍
까치 소리에
어머니의 피어오르는 쉰 목소리는
물집 터진 쓰라림 아려움만이 아니리라.

# 오늘밤

전화번호 잊어버릴 듯
자연스럽게 잊어버리면 좋으련만

칠판의 필기 지우듯
가볍게 지웠으면 좋으련만

하늘이 울고
땅도 우는 날

해 기울면
잿빛 구름 나직이
세상 문 연다

열세 번 째 맞는 제사
서글픔 그리움 잊었나 했는데

한 줄기
두 줄기
떨어지는 물방울이

깊숙이 내 마음 파고든다

어머니께
술잔 올리며
열심히 살겠다 말씀 올리니
바람의 손짓이
내 곁을 서성거린다

아, 그 손길
내 가슴에
지칠줄 모르는 비와 함께
흐느끼며 헤매이고 있다, 오늘밤.

# 구절초

구절초 향기 그득한
시월의 들길 걸어보셨나요

풀벌레 숨소리도 없는
고요한 풀섶에
가을 가락 흐르고 있지요

“구절초 구절초
울 엄니 머릿결처럼
흰서리 내릴 때까지 피는 꽃…”
잔바람 소리 풀꽃들
몸 낮춰 안내하지요

어머니!
세상 살아가는 참 지혜가
당신의 사랑 속에서 피어났음을
응원 춤사위에 깨닫습니다

구절초 구절초

행복의 꽃
빈 몸으로 날아 온 바람이
내 노랫가락에 흥얼거리며 외칩니다
칼리스토* 어머니시여.

* 칼리스토 : 가장 아름다운 요정을 뜻하는 말.

# 고추밭에서

봄바람 불기 시작하자
이랑마다 심은 고추모종

따가운 햇볕에 타들어가는 고추
애타는 마음 맨발로 물 뿌리셨지

덩달아
바람도 이슬비 나르고
수레우산도 해종일 땡볕과 싸웠지

목마름 이긴 고추들
고춧가루, 김장 김치,고추장
이름표 달고
광 한 켠에 줄줄이 앉아있었지

하 루
이 틀
사흘

폭설로 오지 못한 자식들
애만 태우는 박스 등을
먹지먹지 눌러 앉은 검버섯이 어루만졌었지, 토닥토닥.

# 무말랭이

휘몰아치던 비바람 뒤
햇살 모이는 마당에서
꼬드득 꼬드득
애 말리시던 어머니

철없는 낮달이 쏟아져 내리던 날
말없이 걸어 온 그림자 보며
그리움 안은 채
푹 꺼진 앞마당에서 무만 썰어 널었지

가을 햇살
무맛 보며 살살거리자
홍역으로 먼저간 아들 부르며
"니가 좋아한 무다
많이 묵어라
이 후레아들 놈아!"
눈물 훔치셨지

오늘은

가을볕이 찾아와 앉으니
멍석 무말랭이가
사랑한다 내 딸아
뽀득뽀득 얘기한다.

## 모자母子

솔잎 머리핀 꽂은 어머님
토방에 앉아 대님으로 머리 질끈
동이고 고사리 추려낸다

“붕어에 고사리 넣고 찜하믄
니그 아부지 징하게 잘 드셨는디”

새벽녘 부스럭거리며 주춤주춤 옷
챙겨 입고 아침밥 하신가 했더니
아버님 산소에 다녀오신 것이다

“된장에 무친 취나물로
 밥 한 공기 거든히 해 치웠는디”
“오늘밤 만나러 올 텐데
 우리 밤실댁 그라고 보고 싶을까”
 아들 능청에도 아랑곳 없이
“니 아부지 무사히 올까 해서 그라재”

햇살만이
샘가에 앉아
사락이는 꽃 이파리되어
모자母子의 토닥이는 소리 엿듣는다.

# 시래깃국

처마 아래 묶여
사그락 사그락
바람 많은 밤이면
몸 부벼 보채던 시래기 다래미

고샅길에서
카랑카랑
떡치는 소리 보다 큰
어머니의 부름에도
고무줄 놀이에
대답하지 못하던 나

어머니 목소리 보다
더 크게
더 구수하게
날 부르던
시래깃국 냄새

어머니 그리운 날은

시래깃국 끓인다

오늘 밥상에
간고등어가 없는데
왜 이리 간간한지.

# 오월

장미꽃 물들어
그리운 날에는
퍼내도 퍼내도
솟아나 넘칩니다

어디선가 풍겨오는
찔레꽃 향에
쑥 캐며 들려주던
전래동요가 들립니다

밤이 되면
가지에 앉아
콩쥐팥쥐, 장화홍련
옛날 이야기
함께 듣던 별들

그 별들
푸른 하늘에
아직도 남아

얘기하고 웃으며
당신이 인도하시는 길로
바르게 이끌어줍니다

오월이 왔습니다
어머니

어머니
서른 다섯 해
추억이 살아 있어 행복합니다.

# 장독

비 내리면
감꽃 후두둑 떨어져
온통 환했던 샘가

비 그치면
샘가 장독
빗방울 닦던 어머니

그 가장자리로 봉숭아꽃 필 때면
술래잡기 놀이터 되었지

눈 가린 술래 피해
큰 단지 속 숨어들면
얼마나 아늑했던지

어머니 가슴 만지며
스르륵 잠자듯 편안했었지

깜박 잠 깨어나

단지 밖 내다보고
모깃소리 되어
술래 찾아 불러도
아무도 없었다

'나 여기 있어
못찾겠다 꾀꼬리
엉덩이 춤추며 나와라'

혼자 술래 되어 찾다
눈물 울컥 쏟을 때쯤
와락 날 끌어안던 손길

나를 찾느라 애 태워
방망이치던 어머니의
심장 눈물에
달빛 오른 샘가
장독들도 행복 눈물로 반짝였었지

오늘은

빗방울이

그 빗방울만 찾고 있다.

# 모란

철 대문 여니
얼어붙은 겨울 눈물 털어낸
모란이 곱게 단장하여 반깁니다

우리들 떠난 휑한 집에 남아
객지에서 무슨일 있을까
당신 가슴에 만들어진
간절한 멍을 지켜 보고 있었기에

오늘은
버선발로 달려와
그리움을 저토록 토해 내나봅니다

당신의 햇살 같은 손길
그리워 살며시 입술 대니

왔구나, 왔어
기억한다며
불빛 가슴으로 타오르고 타오릅니다.

# 나를 잊지 말아요

하늘 바라보고 있으면
구름 속에 웃고 계십니다

산을 바라보고 있으면
새가 되어 끄덕이고 계십니다

입을 무겁게 하여라
눈을 맑게 하여라
마음을 가볍게 하여라

타닥닥탁
격렬하게 부딪치며
방향키를 잡지 못하는
나를 붙잡는 당신

하늘을 바라보고 있으면
웃고 계시는 아버님

산을 바라보고 있으면
새가 되어 끄덕이시는 어머니

금방이라도
터져버릴 것 같은 욕심주머니
오늘도 바라보고 계셔서
하늘하늘 비웁니다.

# 사진 석장

어머니 소녀 때
들판에서 가족들과 함께 찍은
빛바랜 사진 석 장

가을이 따갑다
밭가 앉아
모자 위에 흰 수건 덮어 쓴 할머니
새마을 녹색 모자 쓴 할아버지
방금 떠 온 물로 갈증 해소하며
노랑 모자 쓰고
수확 돕는 어머니와 이모 바라보신다

주렁주렁 열린 고구마처럼
장대높이뛰기 하듯 자란 옥수수같이
밝게 큰 딸 넷

어머니가
얼굴만한 고구마 들고
할머니한테 뛰어오자

쓰윽 흙 닦고 한 입 베어 먹는다
살짝 웃으신다
할아버지도 크게 한 입 베어 먹고
최고라며 웃는다

여우비도
더위 살짝 식혀 주며 웃는다.

# 손가락 너어는 아이

가슴 펼친 하늘에서
비틀비틀 내리는 비
헛생각하다
둥근 돌멩이 휘청했다
소나기에 길 잃었다

안개 너머
웅덩이 빠진 검정 고무신 보며
손가락 너어는 아이

어머니와 함께
물 긷고
빨래하던 곳

지름길 보이지 않고
내 가슴 짓누르며
아른거렸던 어머니 모습

고샅길 끝 서 있는 어머니

마음만 뛰었다

여름 땍볕 벌겋게
달아오른 얼굴
돌재기 넘어져
땀 먼지 뒤범벅인 내 모습
어머니가 놀라셨다

아침 일찍 떠온
샘물 한 바가지 부어
연신 펌프질 하던 어머니
콸콸콸 쏟아낸
물소리 받아 마시며 잠 들었다

그 시원함
그 꿀맛

샘터 가실 때면
게처럼 구경하는 나에게

어머니 손 꽉 잡고 말씀하셨다

“헤찰하지 말고
 싸게싸게 걸어라”

어머니 만나서
살며시 발 만지니
그 꿀맛 시원함
내 몸 짜릿하게 한다

지금도
헛디딤질만 하면
단숨에 달려오시는 북망산 어머니 얖애서
손가락 너어는 아이가 된다.

# 참말로 안기고 싶습니다

오늘밤
달이 흔들리고 있습니다
출렁출렁

11월이 되면
두견새처럼
명치에 갇혀 있던 이름
울혈로 삼켰던 어머니

이겨낼 자신 없어
부르지 않으려 마음먹고
겉으로 허허거려도
참말로 부르고 싶던 이름
한 번 만져보고 싶은 얼굴

냄새 맡고 싶어
눈으로도 뱉지 못하고
가슴에 맺혀 스민 눈물
씻어내도 출렁이니

어찌 감출 수 있겠습니까

죄송합니다
당신의 마음에 답하지 못해서
죄송합니다
아무것도 할 수 없어서

어머니,
어머니 편하신지요?

마중 나온
불효자 안아 보니
명치 어혈은 풀어지셨나요

저도
참말로 부르고 싶습니다
참말로 안기고 싶습니다

두 분의 웃는 모습에

달빛이 흔들립니다 잔잔하게
오늘밤에는.

# 산사의 풍경

법당을 가득 메우는
애타는 기도 소리

탑 아래
풀잎에 맺힌 이슬도
불평 없이
조용조용 염불 외우네

108 계단 오르며
대롱대롱 매달린 인연
108번 묻네

왜
저녁놀은
똑같은 빛 아래서
가슴 아프게 하는가

귀 여신 부처님
귀 담아 들으셨다고

종소리로 답하네

뎅

뎅

뎅.

# 내 고향 강진

몽골몽골
피어오르면
하늘 그림자 쉬어가고

목리 다리 아래서
쟁첩 키재기하던
고무신 친구들 눈에 삼삼하다

달빛 머금은
북산에 널브러진
연산홍 만발하면
단숨에 달려가던 곳

하루에도 몇 번씩 거니는
마음의 쉼터

따스함 그리워
타래박되어

약수터
우물 안으로 풍덩.

# 얼쑤

얼룩진 무지개 바지
입은 여섯 살 소녀

늘상 눈뜨자마자
뜀박질하고 숯검댕이로
아침밥 먹었는데
오늘은 말갛게 세수한 얼굴

기다리던 오일장
남사당패 오는 날

행여
안 데려갈까
병아리 마냥
어머니 치맛자락 붙잡고 뒤따른다

십리 걸어 간 장
오색천 휘날리고
둥둥 북소리 너울대며

줄타기 한창이다

어름산이
훨훨 나는 모습에
하늘로 솟구쳐 오를 때
모두 한마음 장단 맞춰 외치는 소리
"어이구"
"아아~~~"

부채 흔들며
'쉭-'
떨어지는 시늉에
어머니와 아버지 손 꽈악 잡고
오줌 지린 채 응원 했지, 그날은.

# 동백

야윈 풍경하나
추억의 꽃잎으로
자분자분 내려
내 마음 후벼
동백섬 찾으니

뚝뚝 떨어진
그리움의 향기
핏방울 되어 뿌려있는
동백꽃 잎

열일곱 시집 와
바람따라 넘실거리던 뜨락
꿈길에 헤매었었지

모진 세월 견디며
마지막 순간까지
어머니 버티게 한 꽃

푸른 바다 남쪽
석양 속에
그 빛은 오늘도
산 너머 강 너머로
타고 있습니다, 어머니.

# 몸살

백사장 걷는다
사락사락

한 발자국
한 발자국 떼면
들리는 신음소리

굳어가는 오감五感
쉴 새 없이 살랑거리지만
버둥대면 버둥댈수록
그 혀와 촉수로
다리 감싸 안는다

해죽해죽 웃으며
파도가
벌린 입 속으로 빠져들게한다

하고픈 말
멀리 가 버린 소중한 것들
손 뻗어

그 안으로
그 안에서
흔들리는 세상 밖
유리 인형마냥 도움 청하자

깊은 골짜기
맴돌다 검푸른 하늘가로
웅웅거리는 짐승 울음되어
산 사람들에게 들리지 않아

작은 바람에도
내 무게만
출렁거린다

한 발자국
또 한 발자국 떼면
들리는 신음 소리

백사장 걷는다
서걱서걱.

# 무궁화호

오늘도
난 기차 꽁무니 따라 나선다

치-익-칙

기관사의 안내 방송과 함께
기차의 힘찬 맥박소리가
소금쟁이 물위 걷듯 미끄러지듯 출발한다

보따리 껴안고 잠을 청하는 아주머니
술 취해 넥타이 풀고 모로 누운 아저씨
창밖 보며 김밥 먹는 모자母子
어디로 향해 가는 걸까?

조용히 멈춘 정읍역
어둠에 깜박이는 촌락의 환한 불빛만이
지금의 시간을 즐기는 것 같다

소리 없이 간이역을 통과하는 기차 속
배가 출출하여 사방을 둘러본다
–심심풀이 오징어나 땅콩 있어~~–
그리운 딴 세상의 메아리
그 정겨운 소리가 들리지 않는다

눈이 무거워 움직이기 싫었지만
휴게실 칸으로 옮겨가 우동 한 그릇 비우고
커피 한잔 들고 내 자리로 돌아오니
아직도 기차 안은 조용하다

간이역 지날 때마다
창밖의 별빛에 비치는 추억의 앨범
그 속의 모녀母女 따라 가보니
20여년 전 영산포역에서 영등포로 갈 때
김밥 먹으며 이야기 나누는 나와 어머니다

소리 없이 추억들이 기차의 속도 따라 지나간다
천천히 필름이 돌아가다가

여행 동굴 터널을 지나니  빨리빨리 필름이 감긴다
기차의 힘찬 맥박소리가 밉다
기억상실증에 걸렸으면 좋으련만…

–여기는 종착역
  영등포입니다…….–

오늘도
기차 뒤꽁무니 따라 추억여행의 종착역에서
아쉬운 마음에 유리창에 손대니
창밖에서 어머니가 웃고 계신다.

# 보름달

야간 작업 끝내고
돌아오는 퇴근길

내딛는 걸음마다
비추는 환한 달빛

어머니
젖가슴 같이
다사로운 보름달.

# 당산나무

아버지와 어린 나에게
등 내주던 당산나무

부모님 떠난 뒤
혼자 되어 간
첫 추석길

큰길 두고
아버지 등에 기대
자전거 타던 골목길 돌아서니
내 앞에 나타나는 당산나무

아무 말 없이
내 이야기 듣던 아버지 등처럼
당산나무가 따뜻한 등 내밀고
오늘은 오롯이 내 이야기 들어준다.